Frei Körper Kolumnen

25 Anekdoten aus 50 Jahren

Text & Fotografie von Klaus Ender

Vorwort

In einem Gespräch mit dem Redaktionsleiter der Ostsee-Zeitung Rügen, Jens-Uwe Berndt, wurde die Idee geboren, über mein „schillerndes“ Leben als Aktfotograf Kolumnen zu schreiben und diese zu illustrieren. Nach dem ersten Dutzend Kolumnen erreichten mich Anfragen, ob diese Beiträge als gebundene Ausgabe erhältlich wären und so habe ich mich zu diesem Aktbuch entschlossen. Dieses Buch zeigt nicht nur – wie meine zwei Akt-Bildbände zuvor – ästhetische und gekonnt fotografierte Bilder, sondern lässt den Leser auf oft humorvolle Art miterleben, wie kuriose Bildideen entstehen, Schwierigkeiten gemeistert, ansprechende Modelle gefunden werden und wie die Arbeit eines Aktfotografen – bis hin zum Verwendungszweck der Bilder in der Praxis aussieht. Meine Wertschätzung der Modelle, meine ästhetische Empfindung für dieses Genre und meine Ansprüche an das Modell und an mich selbst kommen hier zum Tragen.

Akt ist für mich weit mehr als ein unbekleideter Körper – der weibliche Akt ist die Summe von Schönheit, femininer Ausstrahlung, Selbstbewusstsein, Anmut und Sinnlichkeit. Jedem Modell seine individuelle Note zu erhalten, es fotografisch gekonnt wiederzugeben, die geschlechtlichen Merkmale nicht über zu betonen, der Natürlichkeit Raum geben, sich zu entfalten, es nicht spüren lassen, dass es unbekleidet Modell steht.
Es gilt, affektierte Posen zu vermeiden, dem Bild Sinn zu geben und jede Art der Bloßstellung auszuschließen. Meine Kolumnen sind eine Einladung an den Leser, sich in die Situation des Modells und des Fotografen hinein zu versetzen – und sich mit dem jeweiligen Bild zu identifizieren. Aktfotografie ist im besten Sinne des Wortes die „Königsklasse“ unter den fotografischen Genres – und sollte auch so vom Betrachter wahrgenommen werden. Ein gutes Aktbild lässt keine Zweifel an seiner Existenzberechtigung zu. Das letzte Wort überlasse ich einem griechischen Historiker, der schon vor 2.400 Jahren sagte: „Schönheit liegt im Auge des Betrachters!“

Klaus Ender

Fotosessions mit Anne
und Angelina 2011

1967

mit Playmate
Veronika 2009

2000

Siegeszug der Nackedeis

Die FKK-Strände der DDR sind heute Kult und darin geistert der Nimbus, als sei es für alle DDR-Bürger die selbstverständlichste Art des Badens gewesen. Die Wirklichkeit sah in den 50er bis Mitte der 60er Jahre anders aus. Die Akzeptanz der Freikörperkultur musste durch Anstand und Image-Pflege gegenüber dem Textilstrand erkämpft werden. Es ist auch ein Irrglaube, dass der monatliche „DDR-Nackedei" der beliebten Zeitschrift DAS MAGAZIN das „offene Wesen" von Partei und Funktionären widerspiegelt. Es war eher ein fragwürdiges Alibi, das von der Wirklichkeit überholt wurde.

Die erste Aktausstellung der DDR, die von mir 1975 in Potsdam initiiert wurde, brachte erstmals wirklich mehr Freizügigkeit. Und so schreibt DAS MAGAZIN in seiner Ausgabe H. 6/ 2007: „Nicht zu Unrecht sagt er, dass er das Genre (Aktfotografie) in der DDR mit salonfähig gemacht habe." Durch dezente Behutsamkeit gelang es mir, sogar in die Spinde der Soldaten zu kommen. Meine Mädchen-Silhouetten bekamen erst nach und nach „Zeichnung" in den Schatten, ohne deshalb erotisch provozierend zu wirken.

Mit meinem 1. Buch „Mein Modell", das 96.000 mal verkauft wurde, lernten viele Fotoamateure eine ästhetische Aktfotografie kennen. Ob Fotokinomagazin, Jugendmagazin Neues Leben, Fotografie, Tribüne Ferienmagazin, NBI, Deine Gesundheit, Eulenspiegel oder DAS MAGAZIN – meine Bilder waren überall präsent und beeinflussten durch ästhetisches Empfinden eine ganze Generation Hobbyfotografen und Leser in der DDR.
2012 erschien mein neuester SW-Aktbildband „Meine schönsten Enthüllungen", der 50 Jahre poesievolle Aktfotografien zeigt, die vor allem auf Rügen fotografiert wurden.

Der Akt

Der Akt ist eine Kunst mit Takt
für Künstler und Mäzene,
für andre ist er einfach nackt
und provoziert die Szene.

Besinnung – ist das wahre Wort
für ehrliche Betrachtung,
das ist der Künste schönster Hort
mit Ethik und mit Achtung.

Der Akt ist eine Symphonie
der Schönheit und der Sinne,
er stimuliert die Fantasie,
man hält mit Andacht inne.

Der Akt ist eine Spiegelung
vom irdisch schönen Leibe,
er bleibt im Geist und Körper jung,
ein Grund für seine Bleibe.

Klaus Ender

Der Siebenschläfer – Westblatt stibitzt Po-Spalier

Das Jahr 1964 hatte ich beim Vergrößern der letzten Aktbilder fast durch, als mir ein Foto in die Hände fiel, das mich einst beinahe ins Zuchthaus gebracht hätte. Sieben Mädchen, die sich nicht kannten, hatte ich nacheinander in ihrer Strandburg angesprochen und davon überzeugt, dass sie mir unbedingt für ein „Siebenschläfer-Bild" Modell stehen müssten. Der Strand vom Bakenberg auf Rügen sollte die Kulisse sein. Drei Mädels sagten sofort zu, aber es dauerte wohl eine halbe Stunde, ehe sieben splitternackte Schönheiten – Po an Po ausgerichtet – nebeneinander posierten. Ich machte drei Varianten; rief ihnen zu, dass ich das Bild im Kasten habe – und drehte mich um. Jetzt, wo alles fertig war, standen etwa 70 Zuschauer, darunter ein Dutzend schöner Mädchen, wie ich sie mühsam gesucht hatte, neugierig Spalier.

1965 brachte DAS MAGAZIN dieses Foto (zwar ohne sein Pendant, einen selig schlafenden 125 Kilo-Mann), aber immerhin! Es war das dritte Bild innerhalb eines Jahres. Ende 1965 standen zwei Schlapphüte in Ledermänteln vor meiner Tür in Sassnitz und wollten mich „zur Klärung eines Sachverhaltes" sprechen. Sie legten eine Ausgabe der westdeutschen Zeitschrift KONKRET auf den Tisch und fragten, ob mir bewusst sei, dass ich mit diesem Bild die DDR bloßgestellt habe. Die Schlagzeile lautete: „Im Sexschritt marsch – Sexwelle in der DDR." Foto Klaus Ender
Mir wurde heiß und kalt und ich hörte im Geist die Handschellen klicken… Ich bat um die Zeitung, holte eine Lupe und konnte mit größter Sicherheit sagen, dass es eine schlechte Kopie sei. Man hatte ohne mein Wissen, das Bild aus DAS MAGAZIN abfotografiert. Und weil die Mädchen durch den Falz zerschnitten waren, hatte man sich auf fünf beschränkt. Den Stein, der mir vom Herzen fiel, haben wohl auch die Mädchen gehört.
Eine von ihnen schrieb mir (nach über 40 Jahren), nachdem sie meinen Namen gegoogelt hatte und schwärmte von dem Tag des Modellstehens. Sie war wie die meisten der sieben Mädchen längst Oma und

freute sich heute umso mehr, dass sie in den Augen ihrer Enkel und Enkelinnen als eine „so attraktive und moderne Frau“ angesehen wird. Inzwischen oft publiziert, verblasste die Erinnerung an die zwei schwarzen Hüte und so kehrt bei mir vor allem ein Schmunzeln zurück, das mir so manches Mal unter den Einschränkungen der Presse-Freiheit in der DDR vergangen war.

Mein erster Akt in DAS MAGAZIN

1962 rief mich die Insel Rügen, weil Köche, Bäcker und Gastronomen für die Saison gesucht wurden. Ich war Bäckergeselle und leidenschaftlicher Fotoamateur und hatte mir Rügen mit seiner Landschaft als Start für ein Fotografen-Leben ausgesucht. Drei harte Jahre, in denen ich nachts um 3 Uhr als Bäcker begann, am Tage fotografierte und abends Filme entwickelte, hatte ich hinter mir, als ich beschloss, für immer auf Rügen zu bleiben.
Mein Quartier in der Sassnitzer Hafenstr. 5 wurde ausgerechnet in den eisigen Wintern 1964/65 und 65/66 zu einer Herausforderung. Kein Ofen(!), Wasserhahn auf dem kalten Flur und Toilette zwei Häuser weiter auf dem Hof der Bäckerei. Um nicht zu erfrieren, liefen Tag und Nacht drei Garagenheizungen. Wenn mich ein Mädchen zwecks Fotoaufnahmen besuchte, entschuldigte ich mich für diese Bude.
Kochte die Fleischerei unter mir Tierhäute aus, brachte mich der Gestank oft zum Erbrechen. Die sozialistische Parole: „Wie wir heute arbeiten – werden wir morgen leben“ wurde hier Hohn. Einen Stundenlohn von 1,80 Mark und zahllose unbezahlte Überstunden musste ich durch Fotoaufträge ausgleichen. Ich wurde Volkskorrespondent (VK) der Ostsee-Zeitung, gründete und leitete den Fotoclub Sassnitz und publizierte in Tages- und Fotozeitschriften.
1964 lernte ich eine selbstbewusste hübsche Apothekerin kennen, die noch im Oktober den braunen Teint des Sommers besaß. Auf meine Anspielung „wenn diese Bräune nahtlos wäre, würde ich sie sofort als Fotomodell ansprechen“, meinte sie spitzbübisch: „Ich bin den ganzen Sommer am FKK und habe keine Textilstreifen!“ Ich glaubte, einen so aufmunternden Satz noch nie vernommen zu haben. Tags darauf schaute sie sich meine Bildmappe an und war begeistert. Als sie auf einer kleinen Truhe sitzend – ihre Beine anzog, reichte im Hintergrund die weiß getünchte Hartfaserplatte gerade aus. Ich hatte das wahrscheinlich primitivste „Studio“ der ganzen DDR und tröstete mich mit dem Gedanken, dass man wohl erst alle Tiefen durchschreiten muss, bevor man eines Tages von seiner Kunst leben kann.

Das Foto sandte ich an DAS MAGAZIN und im Heft 8/65 las ich im Impressum erstmals Foto: K. Ender. Am Abend suchte mich der Vater des Modells auf und bat händeringend, ich möchte die Bilder seiner Tocher nicht mehr publizieren. Jeder Kunde spräche ihn darauf an. Er wollte die gesamte Auflage von Das Magazin aufkaufen, was natürlich nicht möglich war.

Kurze Zeit später erschien das Foto im Buch „Internationale Aktfotografie". Keiner der Leser hätte auch nur geahnt, unter welch erbärmlichen Bedingungen eines meiner schönsten Bilder entstand.

Ein Bild und die Sicht auf die Natur

Als die TV-Redakteure von „Außenseiter – Spitzenreiter" die Zeitschrift „EULENSPIEGEL" fragten, wer macht denn die neckischen Aktbilder der „Funzel", verwies man die Fernsehleute an mich. Es entstand 1976 eine Reportage, die mehrere Male im Silvester-Programm des DDR-Fernsehens gezeigt wurde und noch heute im Ausschnitt in ARD und ZDF ausgestrahlt wird. Eines der „Funzel"-Mädchen ließ ich über einen umgestürzten Baum an Rügens Kreideküste laufen. Die Redaktion krönte das Bild mit der Überschrift „Holz hin – Holz her, für uns steht immer noch der Mensch im Mittelpunkt!"
So gut und wichtig Humor ist – ich nehme heute das Thema Holz zum Anlass und mache daraus: „Mensch hin – Mensch her – im Mittelpunkt steht für mich die Natur!" Wir sind nur ein Teil von ihr, aber wir maßen uns an, die Natur auszubeuten und nach unserem Sinn zu verformen. Erst dann, wenn die Natur zurück schlägt, wie bei der zweiten oder dritten „Jahrhundert-Flut" in zehn Jahren, begreifen wir, wie klein und hilflos wir sind.
Ich wünschte mir, dass sich die Überheblichkeit des „weißen Mannes" dem Urinstinkt und Verhalten der Indianer Nordamerikas annähert. Sie nahmen nur, was sie zum Überleben brauchten. Ein Landkauf wäre unmöglich, weil das Land niemandem gehört, und ein Raubbau an der Natur undenkbar, weil sie auch von den Enkeln und Urenkeln benötigt wird, um zu überleben – und nicht, um damit reich zu werden! Diese „Wilden" hatten weitaus mehr Moral, Ethik und Menschlichkeit als unsere „zivilisierte" Gesellschaft. Dass unser Motto: „Höher, schneller, weiter und Wachstum um jeden Preis, ein Irrweg ist, beweisen die unentwegten Krisen und das Gefühl der Menschen, dass die Zukunft nicht mehr in ihren Händen liegt. Dass wir am Ende unseres Lebens so arm sind (trotz aller angehäuften Güter), wie wir gekommen sind, verdrängen wir bis zum Tod! Dass wir alles für unseren Nachwuchs tun, ist eine faule Ausrede, die unsere Gier nur verschleiern soll. Unsere Kinder brauchen vor allem eine gesunde Natur! Der biblische Satz: „Macht euch die Erde Untertan", ist keine göttliche Aussage! Würden wir der Natur das zurückgeben, was sie uns gibt, hätten wir ein Leben lang zu tun. Werden wir menschlicher – auch zur Natur, denn Ehrfurcht vor der Natur – heißt Ehrfurcht vor dem Leben.

Das Privileg des Fotografen

Am Strand von Mukran auf der Insel Rügen wollte das Interhotel Sassnitz seinen Gästen etwas Besonderes bieten und setzte dort einen 24-Meter-Kutter in die Dünen. Er sollte zu einer Nachtbar für schwedische und andere gut betuchte Gäste ausgebaut werden – so munkelte man in der Bevölkerung.
Ich hatte mir das Schiff angesehen, es erinnerte mich an die Kogge Klaus Störtebekers und in der Tat trug es den Namen „Goedecke Micheel“ SAS 231. So fiel mir dazu gleich etwas Seeräubertaugliches ein. Neben meiner Strandburg am FKK von Binz lag eine gut gebaute Blondine, die einen durchgehend gebräunten Körper hatte und sehr aufgeschlossen war. Ich erzählte ihr von meiner Idee, ein hübsches Mädchen, an einen Mast gefesselt, für den Eulenspiegel zu fotografieren. Sie war sofort dabei!
Dann kam ich zum „Haken“ an der Sache – wir müssten um 6 Uhr morgens da sein, da die Handwerker um 7 Uhr mit ihrer Arbeit beginnen. Sie stimmte zu und tags darauf standen wir an der Kogge. Eine Treppe oder Strickleiter war nicht zu sehen, die Bullaugen waren geschlossen und nur ein einzelner Strick ragte über die Bordwand, an dem ich mich hochzog. Oben angekommen, vertäute ich ihn fest am Mast und zog das Mädchen an Bord.
Hier, 10 Meter über den Dünen, zog ein eiskalter Ostwind und ich war froh, bei etwa 14 Grad, kein Modell zu sein. Sie zog sich irgendwo hinter der Spundwand aus und kam, ohne mit der Wimper zu zucken, nackt auf mich zu. Sie lehnte sich an den Hauptmast, ich ergriff eines der dicken Schiffstaue und zog es um Mast und Mädchen herum. Sie war nun um Arme, Taille und Beine gefesselt. Ich ergriff die Kamera, machte aus verschiedenen Positionen ein paar Bilder und sagte mit ironischem Unterton: „Eigentlich sind Sie mir jetzt völlig ausgeliefert…“ Sie meinte: „Na dann man los, vielleicht wird mir dann warm!“
Ich entfesselte und dirigierte sie an zwei, drei Standpunkte, fotografierte und beeilte mich, weil die ersten Tischler am Schiff eintrafen. Sie hatten wohl noch mitbekommen, dass ein Mädchen an Bord war. Kurz danach tauchte sie im Kleid wieder auf und erntete bewundernde Pfiffe. Ich dachte: Gut dass ich kein Tischler, sondern Fotograf bin.

Ermittlungen in Naumburg

Die Saison 1963 war auf Rügen beendet und ich musste mir ein neues Winterquartier nebst Job suchen. Ich entschied mich für Naumburg/Saale und mein Job war der eines Heizers im 12-Stunden-Dienst. Dafür hatte ich jeden 3. Tag frei, den ich für Fotoaufnahmen nutzte.
Es war um den Jahreswechsel 1963/64, als es abends klingelte und zwei Herren eine Dienstmarke der Kriminalpolizei zückten. „Wir müssen, wenn aus der Bevölkerung Hinweise kommen, dass etwas nicht rechtens scheint, diesen nachgehen. In Ihrem Fall wird uns mitgeteilt, dass bei Ihnen junge Frauen ein- und ausgehen und von Ihnen (wahrscheinlich) nackt fotografiert werden – ist diese Feststellung richtig?"
Ich bejahte und legte als Beweis einige Briefe von DDR-Redaktionen vor, die mir eine hohe Qualität in der künstlerischen Aktfotografie bescheinigten. Sie schauten sich einige Aktbilder an und sagten, dass mit ihrer Begutachtung alle Zweifel auf meine Person ausgeräumt sind. Sie wünschten mir viel Erfolg und meinten, dass sie sich DAS MAGAZIN künftig genauer anschauen werden, da sie nun einen der Fotografen kennen. Ich hatte fast das Gefühl zwei neue Fans gewonnen zu haben…
Nach diesem „Besuch" war mir klar, dass ich im Focus von Polizei, Zoll und wahrscheinlich auch Stasi war, von der Neugier und Vorverurteilung einiger Neider unter Nachbarn oder Arbeitskollegen ganz zu schweigen. Meine Postsendungen waren stets lange unterwegs und „nachgeklebt". So manche Gardine wackelte, wenn ich von der Arbeit kam. Ich war hier eben nicht am FKK-Strand von Rügen, sondern in der Provinz. Als ich meinem Freund (damals Student der Uni Halle – später Staatssekretär) ein westdeutsches Magazin mit meinen Aktbildern zeigte, rief er euphorisch: „Du hast es geschafft!" Dass meine Zusammenarbeit mit westdeutschen Medien aus DDR-Sicht ein Verbrechen war, übersahen wir beide.
Als im Mai die Bäume ausschlugen, war meine Sehnsucht zur Insel Rügen kaum noch auszuhalten. Und als dann noch ein Brief kam, dass eines der hübschesten Mädchen ab Mai auch wieder auf Rügen weilt, plante und träumte ich von Bildern, die mein Leben verändern würden. Am 15. Mai begann die Saison, ich war wieder auf meiner geliebten Insel und das 1. Bild, das ich machte, zeigt mein Modell mit dem Blick über den Strand von Bakenberg/Nonnevitz, der mein 2. Zuhause wurde.

Tragik und Schönheit vereint

Weil sich der 50. Jahrestag meines Schaffens als Aktfotograf näherte und ich zu diesem Anlass einen großen Bildband plante, suchte ich mit meinen Aktmodellen die schönsten und markantesten Wahrzeichen Rügens auf. Die Victoria-Sicht an der Kreideküste, der Leuchtturm von Arkona und die Wellenbrecher unterhalb der Steilküste sollten zum attraktiven Hintergrund werden.
Während ich an der Victoria-Sicht und auf dem Leuchtturm noch sonnige Momente nutzen konnte, standen die Wellenbrecher als graue Monumente in Konkurrenz zur Umgebung. Die rissigen Stämme, die von Salz, Sturm und Wasser zerfressen waren, wurden hier zum drastischen Gegenpol eines wunderschönen Frauenkörpers.

Dieses halbe Dutzend Pfähle trotzte seit über 100 Jahren der Natur, fing die Wucht der Brandung ab und schützte das Ufer – und sollte doch vier Monate später selbst ein Opfer der Natur werden…
Obwohl August war, hatten wir 16 Grad und kalten Wind – und ich bewunderte das Durchhaltevermögen meines Modells. Nach Sichtung der ersten Bilder auf dem Display der Digitalkamera, wusste ich, dass diese Serie zu den schönsten meines Schaffens gehört. Der Aktbildband, den ich „Meine schönsten Enthüllungen“ betitelte, kam hier nicht nur zu seinem Titelbild, sondern auch noch zu einer der schönsten Schwarzweiß-Serien der letzten 20 Jahre. Die grafischen Elemente der gefurchten Baumstämme unterstrichen die Rauheit dieser Region und ließen den Frauenkörper in seiner femininen Grazie herrlich zur Geltung kommen.
Ich blickte während der Aufnahmen, wenn die Windböen besonders heftig gegen die Küste prallten und Steine den Steilhang herunter rieselten, besorgt hinauf, ahnte aber nicht, dass vier Monate später, am 2. Weihnachtsfeiertag, ein Küstenabbruch erfolgen sollte, der ein 10-jähriges Mädchen mit ins Meer reißen würde. Über 3.000 Kubikmeter Kreide- und Geröll verschütteten den Strand, rissen die Wellenbrecher mit sich und begruben das Mädchen unter sich.

Trotz über hundert Helfern, die bis zur Erschöpfung arbeiteten, wurde das Kind erst Wochen später gefunden.

So dicht liegen im Leben furchtbare und herrliche Ereignisse beieinander. Oft ist es purer Zufall, wer in diesem Moment am falschen oder richtigen Ort ist. Das Mädchen war nur einmal im Leben dort und ich schon unzählige Male.

Reifezeit der Rügener Jugend

Der „Playboy“ war und ist in der westlichen Hemisphäre das Männer-Magazin schlechthin und seine Bilder gaben den Frauen Impulse, wie eine attraktive Frau „auszusehen“ hat, wenn sie Erfolg haben will. Der (zumeist) männliche Leser fand vor allem hier seine Erfüllung, da die sonstigen Medien betreffs Nacktheit erzkonservativ und zensiert waren, so dass die so oft gepriesene (sexuelle) Freiheit des Westens der des Ostens (DDR) eindeutig nachhinkte.

In den Jahren 1984 und 1985 kam es durch Leserbriefe zu heftigen Diskussionen, weil nicht jeder Leser mit dem vorgegebenen Typ einverstanden war, zumal er im Alltag solchen Frauen gar nicht begegnete.

Es kamen auch Fragen auf, ab wann man überhaupt ein nacktes Mädchen fotografieren dürfe.

Auf der Insel Rügen, wo ich von natürlichen, ungezwungen heranwachsenden Jugendlichen und dem FKK-Leben unzählige Bilder gemacht hatte, war das nie ein Thema gewesen. In den siebziger Jahren hatte ich das Thema Frühreife schon fotografisch umgesetzt und mit Genehmigung der Eltern einige Mädchen zwischen 12 und 16 Jahren fotografiert.

Jetzt sah ich meine Zeit gekommen, damit an die Öffentlichkeit zu gehen. Ich bot dem „Playboy“ eine ästhetische und hochwertige Serie Aktbilder an, die ich von 12- bis 16-jährigen Mädchen gemacht hatte. Die Serie wurde angenommen und mit 8.000,-- DM honoriert.

Als nach einem halben Jahr noch immer die Veröffentlichung ausstand, fragte ich nach – und erfuhr, dass der damalige Chefredakteur von einem neuen abgelöst wurde – und dieser das Thema nicht aufgreifen würde. Ich kann die Bilder zurück fordern, frei verwenden und das gezahlte Geld als Ausfall-Honorar verbuchen. Natürlich wäre mir damals ein guter Beitrag im „Playboy“ lieber gewesen, aber das Geld half mir sehr, die Schwierigkeiten zu überwinden, die mich nach der Übersiedlung nach Österreich erwarteten.

Inzwischen wurden diese Bilder in etlichen seriösen Zeitschriften publiziert, und ich bewies, dass ein diffiziles Thema wie Frühreife durchaus fotografisch bewältigt werden kann, ohne Tabus zu verletzen. Mein Credo immer vorausgesetzt: „Wer nackt Würde zeigt – gibt sich keine Blöße“.

Die Faszination Körper beginnt jenseits der Begierde.

Der Schönheit durch Betrachtung – folgt der Grundsatz der Beachtung.

Vom Radar erfasst…

Der schönste irdische Fleck im Südosten der Insel Rügen war Jahrzehnte lang nicht zu betreten. Hier – auf dem Hügel von Klein Zicker drehten sich die Antennen einer Radaranlage der sowjetischen Streitkräfte und man hatte das Gefühl, hier ist das Ende der Welt. Das Gelände war von einem Stacheldrahtzaun umschlossen, der – Gott sei Dank – oberhalb des sandigen Steilufers verlief, so dass man den Strand noch betreten konnte. Ich war oft an diesem, von Findlingen übersäten Ufer und schaute dem Sand zu, der bei Wind ständig herunter rieselte. Ab und zu sah man einen Russen, auf die Brüstung des Zaunes gestützt, in die Ferne schauend – und ich dachte: so würde es uns ergehen, wenn wir den Krieg gewonnen hätten und irgendwo in Sibirien als Besatzungssoldat voller Heimweh unsere besten Jahre verbringen müssten.

Die Einsamkeit dieses Refugiums hatte mich auf die Idee gebracht, den sandigen Steilhang für Aktaufnahmen zu nutzen und so tauchte ich dort an einem sonnigen Morgen mit einem Mädchen auf. Sie war ein übermütiges, natürliches Mädchen und so setzte ich sie auch ein. Ich ließ sie den Steilhang hinauf- und herunterkraxeln, kam auch selbst immer ins Rutschen, so dass sie laut lachte.
Der Schall musste den Hang hoch gewandert sein, denn plötzlich erschien ein Russe am 20 Meter über uns befindlichen Zaun. Er hatte eine Kalaschnikow im Anschlag, die Mütze tief ins Gesicht gezogen, weil er genau ins glitzernde Licht der Ostsee schauen musste. Wir dagegen konnten ihn gut sehen und ich erblickte ein fassungsloses Gesicht, in dem zu lesen war, was er dachte. Dann drehte er sich um, rief „Tawarisch“ – und im Nu standen drei oder vier junge Soldaten am Zaun und blickten fassungslos auf das junge Mädchen. Ich fragte sie: „Haben Sie Angst?“ Sie rief lachend: „Nein!“ und schickte sich wieder an, meine Regieanweisungen in die Tat umzusetzen. Jetzt wollte ich nur eines: So schnell wie möglich fertig werden, weil ich nicht wusste, ob nach einem etwaigen Anruf der Soldaten schon ein Jeep mit einem Offizier unterwegs ist – um mir womöglich die Fotoaufnahmen wegzunehmen, die ich in Sichtweite des Radars gemacht hatte. Denn für so etwas war schon manch einer nach Sibirien gekommen…

Der Wetterfrosch

Der Wetterdienst hatte für Rügen schönstes Wetter angesagt und ich war mit einem Mädchen unterwegs, das mir schon öfter Modell gestanden hatte. Nun hoffte ich darauf, interessantes Strandgut zu finden, um es als Requisite für die Bilder zu verwenden. Der Sturm war abgeflaut, aber eine starke Dünung brandete ab und zu noch bis zum Fuß der Kreidefelsen.
Ich sah schon von weitem, dass die einzige Treppe, die hier zu den Wissower Klinken nach oben führte, von den Wellen weggerissen war. Ein Teilstück der Leiter war in der Brandung liegen geblieben und ich zog das zentnerschwere, voll gesogene Holz schweißtriefend aus dem Wasser.
Eine Stelle, an der ich die Treppe wieder verwenden könnte, lag hundert Meter von uns entfernt am Wasser, aber was tut man nicht alles für ein gutes Bild… Es war ein tonnenschwerer Findling, an den ich erschöpft die Sprossen anlehnte, um daraus sinngemäß die Leiter zu machen, die ein Frosch im Einweckglas hat, um oben angekommen, Schönwetter zu prognostizieren.
Ich erklärte dem Modell nun meine Idee, einen „Wetterfrosch" zu verkörpern und bat sie, sich auszuziehen. Als ich mit den Aufnahmen begann, stellte ich fest, dass es der bisher schönste „Wetterfrosch" war, der mir je begegnete. Inzwischen waren auch andere Strandläufer aufgetaucht und nutzten die fotogene Leiter als Hauptmotiv für ihre Bilder. Der Umstand, dass keiner der Wanderer ein hübsches Mädchen bei sich hatte, allein war die Garantie für mich, dass kein Plagiat entstand.
Aus meinen schlechten Erfahrungen mit anderen Fotoapparat-Besitzern, die meine Bilder schon oft kopiert hatten, musste ich zwangsläufig eine Lösung finden, die ein Plagiat verhinderte. Heutzutage „beweist" der Kalender, der in der Digital-Kamera eingebaut ist, wer wann diese Aufnahme machte. Zur analogen Zeit wäre ein Plagiat-Vorwurf schwer beweisbar gewesen – und ein Titelbild, das zur gleichen Zeit entstanden, aber von zwei Fotografen angeboten würde, hätte einen saftigen Streit um das Copyright hervor gerufen. Schweren Herzens trug ich die Leiter dahin zurück, wo ich sie fand. Ein Ideen-Klau sollte zumindest dem Sprichwort „Ohne Fleiß – kein Preis" gerecht werden, denn nichts verdrießt mich mehr, als das Plagiat eines Anderen, das auf meiner Mühe beruht.

Akt mit Takt

Hansgeorg Stengel, aus Berufung Kabarettist, Schriftsteller, Satiriker, Dichter und Autor von über 50 Büchern, betextete viele Jahre meine Aktbilder im „Eulenspiegel“ und der Illustrierten der Ostseewoche, die wohl die größten Aktbilder von mir druckte, die ein DDR-Bürger jemals gesehen hatte. Sie füllten die Doppelseite einer NBI, waren 60 cm breit – und sollten wohl unzählige Besucher zur Ostseewoche nach Rostock locken.
Als Stengel nach der Wende wieder mal eine Lesung auf Rügen hatte, rief ich ihn an und schlug ihm vor, gemeinsam ein Buch zu machen. Sofort kam der Satiriker in ihm hoch und er rief spontan: „Wenn Sie die Arbeit daran machen – sofort!!!“ Wir vereinbarten einen Besuch bei mir und als ich ihn am Telefon fragte, welch guten Tropfen ich für ihn bereit halten dürfe, meinte er: „Einen Fernet Branka!“ Mir sagte das nichts, aber das Etikett klärte mich auf, dass es ein italienischer Magenbitter ist. Und jedes Mal, wenn wir uns auf Rügen trafen, genehmigte er sich ein oder zwei Gläschen und wäre er nicht 2003 an seinem 81. Geburtstag verstorben, stünde der Rest wohl noch immer im Schrank, weil das bittere Zeug sonst niemand trinken wollte.
Meine Ideen zum Buch gefielen ihm und als die Bildauswahl fest stand, zeigte sich, dass er für die Hälfte der Bilder schon passende Verse hatte und für die anderen 30 Bilder die Texte schreiben muss. Er willigte ein, überließ mir den Entwurf des Titels und die Auswahl eines Verlages und ich entschied mich für einen kurzen, markanten Titel, der gegen den Zeitgeist stand: Akt mit Takt.
Sein Lieblingsbild war natürlich auch drin. Es zeigte eine – im Sand sitzende, blonde Schönheit, die dem Betrachter tief in die Augen schaut. Stengel war fasziniert, wäre aber nie auf die Idee gekommen, sich am FKK-Strand auszuziehen. Das selbstbewusste Mädchen umso mehr, da sie mir über drei Jahre an Rügens Stränden Modell stand. Und so ist es kein Wunder, dass Stengel mit etwas Wehmut die Verse mit autobiografischem Hintergrund schrieb:

Bei der Bildauswahl mit Hansgeorg Stengel 1997 in Bergen.

Ein Mädchen ohne Hut und Socken
und ohne Leopardenfell!
Versucht das Weibsbild mich zu schocken?
Will sie mich in die Falle locken?
Posiert sie nur als Aktmodell?

Ist sie ein FKK-Anhänger?
Falls ja – das wäre mein Ruin,
weil ich als Mann und Minnesänger
und korpulenter Einzelgänger
zu schüchtern bin, mich auszuzieh'n.

Hansgeorg Stengel

Der Geist von Prora

Unterhalb der Ruinen des „KdF-Bades“ Prora liegt ein herrlicher Sandstrand, der uns Nacktbadern als illegales FKK-Gelände diente. Er war nicht abgesperrt, gehörte aber zum Gebiet der NVA. Er war wenig besucht und nur wenn die Soldaten ihre Landungsmanöver machten, fuhren Panzer durch die Dünen.
An einem sonnigen Tag war ich mit meinem Modell Katharina am Strand und fotografierte das üppig gebaute Mädchen erstmals auf Farbfilm. „DAS MAGAZIN“ nahm drei Bilder dieser Serie an und ich freute mich, dass man mir nach vielen Jahren Schwarzweiß-Akt im Heft 7/1971 eine Doppelseite Farbe widmete.

Wenige Tage später erhielt ich eine Vorladung der „Kommission für Ordnung und Sicherheit“ zur „Klärung eines Sachverhaltes“. Der Empfang war frostig und die Vertreter von Armee, Stasi und Volkspolizei glaubten wohl, mit mir den Fang ihres Lebens gemacht zu haben. Der Vorsitzende fragte, ob ich weiß, warum ich die Vorladung erhielt. Ich verneinte – und er zog das besagte Magazin aus einem Ordner, wies siegesgewiss auf meine Aktbilder und sagte, dass ich auf dem Gelände der Nationalen Volksarmee fotografiert hätte. Als Beweis wies er auf eine Ruine, die im Bild etwa 30mm lang und 15mm hoch und eigentlich das unwichtigste Detail war. Doch mit der Fotografie noch nicht genug, habe ich Bilder davon in einem Magazin veröffentlicht, das auch international gelesen würde.
Es gab einen heftigen Disput und zu meiner Rechtfertigung sagte ich: „DAS MAGAZIN wird vom Ministerrat genehmigt und dort sitzen Sachverständige, die mehr davon verstehen als Sie!“ Erst als der Vorwurf „Spionage“ fiel, war mir klar, dass ich mich in einer gefährlichen Lage befand. Ich zog die „Notbremse“ und sagte: „Ich hatte gerade zwei hohe Offiziere des Ministeriums für Nationale Verteidigung zu Besuch, die werde ich jetzt anrufen!“ Mit den Worten: „Mir wird die Sache zu dumm!“, verließ ich den Raum und hörte noch im Zuschlagen der Tür ihre wütenden Stimmen:

„Das wird Ihnen noch Leid tun!“ Ich rief umgehend das Ministerium für Verteidigung an. Das Telefonat beruhigte mich, denn als der Major laut werdend rief: „Die haben wohl da oben nichts anderes zu tun? Das wird sich bei meinem nächsten Besuch ändern und Sie, Herr Ender, machen sich bitte weiter keine Sorgen!“ Da wusste ich, dass ich gerettet bin.

Der Ehrenkodex

Ich hatte gerade einen Beitrag über Aktfotografie geschrieben, als ich eine Zuschrift erhielt, die mich irritierte. Trotz Hintergrundwissen betreffs der DDR-Frei-Körper-Kultur scheint es in der „Natur der Sache“ zu liegen, dass auch heute noch sexuelle Anspielungen in die Aktfotografie hinein interpretiert werden. Daher möchte ich – mit 50 Jahren praktischer Erfahrung als Aktfotograf – Klartext sprechen. „Hinein interpretiert“ ist das richtige Wort, weil es von außen kommt und in der Realität einer Grundlage entbehrt. Es ist Stammtisch-Niveau, das der Volksweisheit Rechnung trägt: „Was ich selber denk’ und tu’, das trau’ ich jedem Andern zu!“

Eigentlich hätte man den Stil der DDR-Aktfotografie nie verteidigen müssen, weil jeder halbwegs Informierte erkennen konnte, dass es sich um feinfühlige und ästhetische Aktfotografie handelt. Das hat nicht nur Gründe, sondern auch Hintergründe.
Weil Pornografie mit Zuchthaus bestraft wurde, hatte jeder Fotograf aus Selbsterhaltungstrieb oder weil er es seinem Ehrenkodex schuldete, zu sexuellen Auslegungen keinen Anlass gegeben. In einer aufgeklärten Gesellschaft sollten Vorurteile eigentlich kein Fundament haben, aber die eigene Sichtweise, das eigene Verhalten gegenüber dem anderen Geschlecht und sexuelle Vorbehalte sind wohl nicht von heute auf morgen zu korrigieren. Die Betroffenen, die Fotografen und Modelle, werden dadurch diskriminiert und stehen im Zwielicht.
Zu DDR-Zeiten war jede Redaktion bestrebt, seriöse Modelle und Fotografen zu veröffentlichen, da es bei anstößigen Aktbildern eine Flut von Leserbriefen gegeben hätte, die für das Modell schnell das Wort „Flittchen“ oder für den Fotografen den Begriff „Weiberheld“ angewandt hätten und der Staatsanwalt hätte vielleicht auch noch ein Wort mitgeredet.

Ich persönlich tue mich heute noch schwer, das übliche „Du“ der jüngeren Generation zu übernehmen und dadurch den notwendigen Respekt zu schmälern. Jedes Aktmodell ist für mich eine Persönlichkeit, der ich Achtung entgegen bringe und die von mir Seriosität erwarten darf.

Der Begriff Akt ist im Wort Takt enthalten – und so war der Titel meines ersten Aktbuches „Akt mit Takt“ kein Zufall.

Inge – die Tänzerin vom Friedrichstadt-Palast

Sie machte Urlaub in Binz, sie hatte endlos lange Beine, einen kurzen Pagen-Schnitt und eine sonnige Seele. Das entdeckte ich, nachdem ich sie am Strand angesprochen hatte und sie sich für keinen Spaß zu schade war. Auf die Frage, ob und wo sie sich denn gern fotografiert sehen möchte, schaute sie sich um und kletterte mit tänzerischer Leichtigkeit auf eine knorrige Eiche in der Granitz, die gleich hinter dem Fischer-Strand in Binz beginnt.

Ihre schlanken und geradlinigen Glieder entpuppten sich einerseits als schöner Kontrast zu den deformierten Ästen und andererseits konnte man die Linien ihres Körpers fast nahtlos in das Astgewirr einfügen, als gehöre sie dazu. Lediglich die rissige Borke der Eiche bot ein Kontrast-Programm zu ihrer samtenen, herrlich gebräunten Haut.

Ich fertigte eine Reihe Aktbilder an und bedauerte, dass ihr Urlaub vorbei war. Ich hätte ihr sehr gern während eines Tanzes zugeschaut und dynamische Bilder geschossen, zumal sie mir erzählte, dass sie am Strand von Hiddensee, wo Gret Palucca ein Ferienhaus hatte, oft nackt getanzt hätten. Ich sandte ihr ein paar Tage später die Bilder zu, hatte noch wenige Male Kontakt mit ihr und verlor sie dann aus den Augen.

Nach der Wende schrieb mir ein Fotofreund, der meine Bilder von der Tänzerin kannte, dass er meine Tänzerin aus dem Friedrichstadt-Palast im Fernsehen gesehen hatte, wo sie ihre – genau so schlanke und hübsche Nichte – als 1. Stripperin der Wende vorstellte. Mein Resümee sagt mir, dass sich da wahrscheinlich die Gene zum Tanz und zur Nacktheit übertragen haben. In einem Interview sagte Inge in diesem Zusammenhang, dass sie sich als Aktmodell von Klaus Ender am Binzer Strand sehr wohl gefühlt habe und sich gern an diese Zeit erinnere…

Als die berühmte Palucca 1993 starb und auf Hiddensee beigesetzt wurde, musste ich wieder an Inge denken.

Es sollte aber noch einige Jahre dauern, bis ich wieder Kontakt mit ihr hatte.

Im November 2011 rief ich sie – nach 44 Jahren – an, plauderte lange mit ihr und teilte ihr mit, dass sie sich in meinem Aktbildband „Meine schönsten Enthüllungen" wiederfindet. Das nahm sie gern zur Kenntnis.

Der Mörder sitzt im Wembley-Stadion

Es war Ende der 60er Jahre, als mich das Fernsehen der DDR anrief und nachfragte, ob ich ein Aktmodell zur Hand habe, das in einer kleinen Rolle des Fernsehfilmes „Der Mörder sitzt im Wembley-Stadion" eine Bardame verkörpern kann. Sie sollte vom Oberkörper her gut gebaut sein und ein nettes Gesicht haben. Natürlich hatte ich so ein Modell. Ich sagte, dass eine Rüganerin vom Wuchs und Gesicht in Frage käme. Ich fragte bei dem Modell nach; sagte ihr, dass es ein gutes Honorar gäbe und bekam ihre Zusage.
1970 war der Film fertig und unsere Freunde und Bekannten waren informiert, dass unser Rügener Mädchen in diesem Film mit Fred Delmare, Friedo Solter, Hertha Thiele, Jessy Ramaik, Helmut Schellhardt, Wilhelm Koch-Hooge und Eberhard Esche zu sehen sein wird.
Nun fieberten wir alle dem Film entgegen – und der zog sich und zog sich dahin und der Umstand, dass es ein Krimi sein sollte, der von Regisseur Gerhard Respondek gedreht – noch Spannung bekommen würde, erfüllte sich nicht. Doch dann kam sie!!! Aber wer sie nicht ganz persönlich kannte, der wäre nicht darauf gekommen, dass „SIE" es ist... Eine lange Perücke und eine völlig andere Synchronstimme ließen sie wie eine Fremde erscheinen.
Aus dem lieblichen Mädchen war eine Halbweltdame geworden, die den Gästen ein Tablett mit Champagner kredenzte. „Na ja", sagte ich „das war wohl nicht das Gelbe vom Ei, aber immerhin das Honorar war gut." So kam wenigstens einer auf seine Kosten. Alle anderen waren wohl schon bei diesem Krimi eingeschlafen...
Erst viel später erfuhr ich, dass dieser Film auf dem gleichnamigen Roman von Hans Walldorf beruht. Und noch etwas später ermittelte ich dass dieser Name ein Pseudonym ist – und der wirkliche Autor Erich Loest heißt, der im September 2013 starb. Erich Loest saß über 7 Jahre im Zuchthaus Bautzen II und war ein großer Schriftsteller und Präsident des ostdeutschen Schriftstellerverbandes. Loest hatte mir nach Erscheinen meiner Autobiografie „Die nackten Tatsachen" geschrieben und mich als Leidensgefährten benannt, der auf andere Art und Weise sein Land verlassen musste.

Die Meerjungfrau von Rügen

Für einen DDR-Bürger war Kopenhagen weiter weg als das Universum, das ja immerhin vom DDR-Kosmonauten Jähn schon aus der Nähe betrachtet wurde.
In irgendeinem Buch hatte ich mal eine kleine Meerjungfrau gesehen, die das Wahrzeichen von Dänemarks Hauptstadt war. Dass ich das Original nie in meinem Leben dort sehen würde, war mir sonnenklar. Nun bin ich aber Aktfotograf geworden und konnte viele kleine Meerjungfrauen fotografieren. Dass manche Zeitgenossen dumme Bemerkungen machten, störte mich nicht. Der häufigste Witz war: „Es gibt nur noch eine Jungfrau – und wäre sie nicht aus Eisen, gäbe es sie auch nicht mehr." Blödsinn dachte ich – wenn ihr wüsstet, wie anmutig eine gebräunte Meerjungfrau ist. Der inoffizielle Binzer FKK am Fischerstrand war eines meiner liebsten Refugien. So nahm ich eines Tages im Jahre 1967 ein Mädchen dorthin mit, dessen Anmut und Natürlichkeit mich faszinierten. Ich suchte einen der hohen Findlinge aus, ließ sie darauf Platz nehmen und ging tief in die Hocke, um die sitzende Meerjungfrau optisch noch höher zur Wirkung zu bringen. Das Bild gefiel mir gut, hatte es aber irgendwie in Konkurrenz zu Tausenden anderer Bilder in keine Redaktion geschafft. Neulich fiel es mir in die Hände und ich platzierte es in der Fotocommunity des Internets, wo es ausnehmend gut von den Usern bewertet wurde. Das überzeugte mich und nun schreibe ich diese Kolumne, um die Rüganer mit ihrem Anblick zu erfreuen.
Vor ca. 3 Jahren war ich nun doch noch in Kopenhagen und besuchte die ominöse kleine Meerjungfrau. Der Bildhauer dieser Skulptur wird so ähnliche Gedanken gehabt haben wie ich: Sich abseits der lauten Welt an den Strand setzen, dem leisen Plätschern des Meeres lauschen und ganz in sich gekehrt – eins sein mit der Natur.
Im ersten Moment – ganz in ihrer Nähe stehend, merkte ich, dass sie mich überhaupt nicht kannte. Na ja, dachte ich, recht hübsch ist sie ja, aber überall sind abgeschabte Flächen zu sehen, wo die Hände ungeliebter Passanten ihre Spuren hinterlassen hatten. Von Stille war bei diesem Trubel nichts mehr zu spüren und ich dachte an die vielen Meerjungfrauen in der DDR, die es bei mir in Binz viel schöner hatten.

Mein erstes Aktmodell

Ich saß 1963 in einem Göhrener Cafe und schaute flanierenden Urlaubern zu, als ein Traumgirl – schlank, blond, mit sonnengebräunten Beinen, die in abgewetzten Hot Pens steckten, vorbei ging – genauer gesagt vorbei „schwebte". Ich zahlte, lief ihr nach, erzählte ihr von meiner „Leidenschaft Fotografie" und der Tatsache, dass mir genau so ein Modell wie sie fehlt. Ich würde – falls sie so durchgehend gebräunt wie ihre schönen Beine wäre – gern Aktaufnahmen, Porträts und Modebilder von ihr machen. Sie schaute mich prüfend an und sagte: „Okay, ich habe Ferien – und Lust auf schöne Bilder!"

Tags darauf holte ich sie ab. Sie wohnte in einer Villa mit Wohn- und Atelierräumen und ich erfuhr, dass ihr Vater ein berühmter Maler ist. Jetzt erst wurde mir klar, welch Glück ich hatte, dass dieses Mädchen ja sagte.
An der Südmole angekommen, bat ich sie, ihre Garderobe abzulegen. Ich war noch beim Auspacken der Fotogeräte, als ihr Schatten auf mich fiel. Aus meiner Hockstellung heraus, blickte ich hoch – und sah das wohl herrlichste Weib dieser Insel. Ich war von ihrem Anblick so überwältigt, dass mein Kopf wie leer war und all meine Ideen zur Bildgestaltung plötzlich verflogen waren. Stattdessen sagte mir ihr selbstbewusster Blick: „So, kleiner Fotograf, nun zeige mal, was du kannst..." Mir wurde klar: Jetzt muss ich mich bewähren! Ich ließ sie die Hände im Nacken falten, das Spielbein mittig vor das Standbein setzen – und löste aus. Nach ein paar weiteren Schnappschüssen sagte ich, dass ich mir für den nächsten Tag ein Konzept erarbeiten müsste, das ihrem Erscheinungsbild gerecht werden würde. Erstaunt fragte sie: „Das war alles…?!?" Ich bejahte, ich konnte ihr ja schlecht sagen, dass mich ihr Anblick aller Ideen beraubt hatte. Ich schlief die halbe Nacht nicht und fand, als es draußen schon dämmerte, ein Konzept.
Ihre Nacktheit blendete ich total aus, ihr Körper wurde zur Materie, dessen Anatomie und Hautstruktur durch Lichtführung und Schatten modelliert wurden und ich begann meine Ideen zu verwirklichen.

*Erst in der Dunkel-
kammer, als ich
bei Tageslicht die
Bilder wässerte,
wurde mir wieder
bewusst, dass vor
mir mein erstes
Akt-Modell gestan-
den hatte, wie der
liebe Gott es schuf.*

Das Mädchen und das Meer

Ich hatte mit 14 Jahren Hemingways Buch „Der alte Mann und das Meer“ gelesen und wunderte mich, dass in den Jahrzehnten, die inzwischen verflossen waren, noch kein Pendant unter dem Titel „Das Mädchen und das Meer“ erschien. Mir war nun vorbehalten, eine Geschichte in Bildern zu kreieren, die geradezu nach diesem Titel schrie. Dazu wählte ich ganz bewusst ein ganz natürliches Mädchen aus, das ohne Star-Allüren gegen den „alten Mann“ antrat.

1969 war es soweit. Ein heftiger Sturm hatte sich gelegt und die hohe Dünung reichte aus, um das Hauptfoto zu machen. Dazu wählte ich einen Findling unterhalb der Wissower Klinken, auf den sich das Mädchen setzte. Dann wartete ich die größte Welle ab und löste aus. Beim zweiten Bild war die Wucht der Welle so stark, dass sie das Modell vom Stein fegte und sie erneut, aber mit klitschnassem Haar den Findling bestieg. Die dritte Woge war ideal, sie brach über dem Modell zusammen, hatte eine schöne Form und war gut durchzeichnet, so dass die Materie Wasser das belebende Moment war.

Ich wurde oft gefragt, wie viel „Schüsse“ ich für dieses Bild machen musste und sagte immer, dass ich nie über dreimal hinaus das gleiche Bild mache. Wer so arbeite, dass er für ein gutes Bild einhundert Mal auslösen muss, der arbeitet nach der Kabeljau-Methode: „Unter einer Million Eier wird eines befruchtet“. Ich musste jede Mark dreimal umdrehen und hätte mir eine andere Arbeitsweise gar nicht leisten können. So hatte ich unter den Fotofreunden bald den Ruf, der geizigste Fotograf der DDR zu sein, was mich mit Genugtuung erfüllte.

Eine Serie von vier unterschiedlichen Bildern hatte ich erstellt, aber mir fehlten noch einige weitere, die das Meer ganz anders zeigten.

*Ein Jahr später machte ich Aktbilder, die das Meer in seiner Stille darstellten.
Das Hauptbild „Die Woge“ wurde nicht nur mit der Ehrenmedaille der internationalen Fotoschau der Ostsee-länder ausgezeichnet, es ging seither um die Welt und die Serie wurde zu meinem Logo.*

Ich sah inzwischen alle Ozeane und viele Meere und beneidete anfangs die Fotografen, die solch eine Kulisse haben, aber mir begegnete kein Bild, das „Die Woge“, die mit Ostseewasser getauft wurde, ausstechen könnte.

Die Nixe im Fischernetz

Ich suchte schon längere Zeit einen Netzboden oder eine alte Fischerkate, um ein Mädchen hinter filigranen Netzen zu fotografieren. Auf Mönchgut wurde ich fündig und nach einem netten Gespräch mit Fischer Willy sagte er zu, seinen Schuppen am Bodden nutzen zu dürfen.
Er glaubt mir ja, dass es „ordentlich" bei meiner Arbeit zuginge, aber er würde doch zu gern fünf Minuten „Mäuschen" spielen wollen, um die Deern zu sehen.

Ich sprach mit Marion und sie fragte amüsiert, wie alt denn Willy sei, „Zweiundachtzig" entgegnete ich. „Klar" sagte sie, „mir kann er nichts abgucken und wenn ich ihm damit eine Freude machen kann". Dann besprach ich mit ihm, welche Requisiten ich nutzen durfte und sagte, dass Marion ihm erlaubt, vorbei zu schauen. Er zog recht ungestüm an seiner Pfeife und meinte: „Dat ist ja wirklich 'ne nette Deern!"

Wir hatten gerade die Netze fotogen hingehangen, als wir seine schlurfenden Schritte hörten. „Kommen Sie rein!" rief ich und er öffnete die Tür. „Verzeihung meine Dame" sagte er, „ich will auch nicht stören und nur ein bisschen nach dem Rechten schauen! Au" sagte er auf die Fenster blickend, „da sind ja so viele Spinnenweben, die werd' ich mal gleich…"
Ich unterbrach: „Um Gottes Willen – das ist ja gerade der Reiz dieses Schuppens, die filigranen Netze und Spinnenweben mit ihren Strukturen den Kurven des Modells gegenüber zu stellen." Er schaute Marion an, sog an seiner Pfeife und meinte: „Das sind aber auch Kurven!" Er setzte sich auf eine Holzkiste, tat als würde er aus dem Fenster schauen und sog an seiner Pfeife, deren Rauch bei mir langsam Husten hervor rief. Er merkte es nicht, bis ich sagte, wenn er noch bleiben möchte, müsste er die Pfeife ausmachen, bevor man das Modell nicht mehr erkennen kann.

Er schaute mich verdutzt an: „Oh – das will ich aber wirklich nicht, entschuldigen Sie meine Dame, das gehört sich wohl auch nicht, in Ihrer Anwesenheit zu rauchen.“ Er erhob sich und sagte: „So schön wie der Anblick auch ist – meine rauchende Pfeife ist mir noch lieber!“
Beim Herausgehen drehte er sich noch einmal um und meinte dann: „Aber ein Foto kriege ich doch?“ „Natürlich“ rief ich, „Es kann sogar signiert werden, z.B. herzlichst, Deine Nichte, dann wird man Sie noch mehr um Ihre Geschichte beneiden.“

Wenn Träume auch Schäume sind – so wird auch Schönes daraus geboren.

Charme ist etwas, das die gesamte Kosmetik-Industrie nicht in der Tube hat.

Faszination Victoria-Sicht

Ich stand im Sommer schon einige Male morgens um 4 Uhr 30 an der Victoria-Sicht und konnte die Stille über dem Meer mit der aufgehenden Sonne verinnerlichen. Der Blick vom Balkon relativiert die „Größe" des Menschen auf ein Mindestmaß und es täte allen gut, wenn in uns so etwas wie Demut aufkommt. Die Chance dazu ist hier gegeben!
Sie ist für mich seit 50 Jahren ein Symbol für Freiheit und Schönheit – und ein Beispiel, wie mit wenigen Mitteln etwas Großes präsentiert werden kann. Und da liegt es nahe, dieses auch wörtlich und bildlich auszudrücken.

Mit meinem Modell, meiner Frau und einer Leiter auf den Schultern, zog ich an einem kalten Augusttag 2011 zur Victoria-Sicht. Wir waren schon früh aufgebrochen, weil dann noch nicht so viele Touristen unterwegs sind. Später hätten sich die Menschen auf dem schmalen Grat bei dem Anblick solcher Kurven sicher gestaut.

Ich wählte den Balkon als Blickfang, um ihn mit Kreidefelsen und einer schönen Frau abzubilden. Weil dieses Ensemble nur von einem erhöhten Standpunkt möglich war, hatte ich die Leiter mitgebracht. Nach dem Eintritt des Modells war nur noch Platz für das Podium, auf dessen Sprossen ich nach oben stieg. Der Blick durch den räumlichen Sucher der Kamera war erhebend, die Knie wurden mir etwas weich, aber der Anblick von Landschaft und Modell war wunderschön.
Der Umstand, dass es links und rechts der Leiter direkt 118 Meter nach unten ging, war fast vergessen, als Anne ihre Weiblichkeit in die Schale warf. Selbst hingerissen von der Schönheit des Meeres und der Steilküste, trotzte sie den 16 Grad dieses nasskalten Monats August und verschönte durch ihre Anwesenheit dieses Refugium.

Meine Frau schaute etwas besorgt, denn sie weiß, dass ich immer Zeit und Raum vergesse, wenn ich irgendwo in der Landschaft fotografiere. Und manchmal vergisst man auch, dass der Standort nicht der sicherste ist. Als „Beweismittel" ergriff sie eine zweite Kamera und hielt die Situation im Bild fest. Ich machte eine ganze Reihe Aufnahmen und das – trotz kaltem Wind – warme Morgenlicht umspielte den Akt und die abstrakten Ornamente des Balkongitters warfen ihre Schatten.

Nun kamen die ersten Wanderer und bedauerten, dass sie nicht schon früher aufgebrochen waren.

Prominenz ohne Star-Allüren

Die Segler der DDR standen durch ihr Interesse an der Natur im allgemeinen der FKK-Bewegung nahe. So war es nicht verwunderlich, dass ein mit mir befreundeter Segler von einer Frau angesprochen wurde, ob er einen seriösen Aktfotografen kenne, der künstlerische Aktfotos von ihr machen würde.
Er sagte ja und vermittelte mir die Adresse. Ich erfuhr von ihm noch, dass sie sehr prominent und sportlich sei und 39 Jahre alt ist. Der Termin stand fest und ich betrat das Boot, das dem Fernsehmoderator und Synchronsprecher Hans Sievers (z. B. Colombo) gehörte, der auch Geschichten in der Kindersendung „Sandmännchen“ vorlas.

Dieser stellte mir dann die Dame vor, die braungebrannt und selbstsicher ihre Hand ausstreckte. Sie sagte: „Ich bin Christel Schulze und möchte gern Aktbilder von mir machen lassen. Ich bin schon neugierig, was Sie aus mir herausholen können.“ Jetzt erst erkannte ich, dass sie die bekannte Sängerin war.
Wir legten ab und fuhren an der Schilf umsäumten Küste entlang, bis wir an eine stille Bucht kamen. Sie zog ihren weißen Bademantel aus und ich sah eine Figur, die Top fit und durchgehend gebräunt war. Sie nahm ruhig und selbstbewusst jede Position ein, die ich ihr zurief.
Sievers schimpfte, dass man immer nur auf den Bodden Rügens segeln muss, weil es auf der Ostsee verboten war. Dann fügte er hinzu, dass das aber für ihn nicht mehr lange „das“ Problem sei, da er in Bälde nach Hamburg übersiedeln würde. Von da an war er mit mir seelenverwandt und ich erzählte von meiner bevorstehenden Übersiedlung nach Österreich. Christel, wie wir sie nennen durften, warf noch spöttisch ein, dass sie dann wohl als Letzte das Licht in der DDR ausmachen müsste…
Ich nutzte die etwas tiefer stehende Sonne für die letzten Bilder und hatte zum Schluss ca. vier Rollfilme belichtet. Es war ein lockerer Nachmittag geworden.

Ein paar Tage später überbrachte ich ihr die Bilder und traf auf ein glückliches Modell, das mit sich und meiner Arbeit sehr zufrieden war.
Sie wollte nun meine Arbeit bezahlen, als ich ihr vorschlug, mir dafür lieber die Veröffentlichungsrechte an den Bildern zu geben. Sie willigte ein und ich kann dem Leser heute – nach 35 Jahren – eine bekannte Sängerin ohne Star-Allüren präsentieren.

30 Jahre später

Im Sommer 1983 reiste ich – wie jedes Jahr – (seit 1981 in Österreich lebend) zur Insel Rügen, um die FKK-Strände zu besuchen, die mir im katholischen Österreich so fehlten. Ich traf mehrere junge Leute, von denen mir ein Mädchen gut gefiel. Sie war halbwegs gebräunt, sehr natürlich und somit das, wonach ich – nach all den gestylten jungen Damen des Westens – suchte. Ich machte eine schöne Serie von ihr, schrieb mir ihre Adresse für die nachzusendenden Fotos auf – und hörte dann Jahrzehnte nichts von ihr, wie von vielen anderen Mädels auch.

Seit 1996 wieder zurück auf der schönen Insel Rügen, erreichte mich im November 2012 (Internet macht's möglich) eine Mail von ihr: „Hallo, Herr Ender, vor drei Tagen schenkte mir ein Bekannter den Ausdruck eines Bildes von mir, welches er bei Spiegel online in einem Bericht über Sie von 2009 entdeckt hatte. Voller Spannung suchte ich diesen Bericht und tatsächlich! Dann schaute ich gleich bei www.klaus-ender.de und fand das Bild unter Aktuelles, wo Ihr Bildband „Meine schönsten Enthüllungen" vorgestellt wurde. Ich bin überrascht und sehr stolz, dass Sie auch meine Bilder zu Ihren schönsten Enthüllungen zählen... Nun bin ich bald 45 Jahre alt, habe aber ein junges Wesen und meinen Körper stets in Form gehalten. Es wäre mir eine große Ehre, noch einmal Ihr Modell zu sein."
Ich war angenehm überrascht und da gerade eine Nachfrage des MDR vorlag, ob man mich mit einem früheren Modell für ein Porträt filmen könnte, sagte ich nach Rücksprache mit ihr zu. Leider konnte sie den sehr kurzfristig angesetzten Termin für die Dreharbeiten im Pommerschen Landesmuseum in Greifswald nicht wahrnehmen. Einige Zeit später aber machte sie auf Rügen Urlaub und so kam es zu einem erneuten Modellstehen.
Ich fuhr mit ihr zum Selliner Strand. Nach einer kurzen Aufwärmphase (es war ein kalter Junimorgen) fand Beate wieder Spaß am Modellstehen und ich machte eine Reihe schöner Aktaufnahmen.

Ich ließ sie an einer urigen Wurzel und im Sand posieren oder passte einige Wellen ab, die sie umspielten. Die Zeit verging schnell und nach zwei Stunden waren etwa 150 Bilder entstanden. Urteilen Sie selbst: Es ist fast nicht zu glauben, dass zwischen dem ersten Modellstehen und heute 30 Jahre liegen.

Für eine weitere Bild-Idee fotografierte ich Beate in unserem Garten, wie sie sich die Bilder von damals im Buch ansieht.

Sonntagskind und Widder

Der 2. Weltkrieg war gerade mit Flucht und Vertreibung zu Ende gegangen, als ich am 1. September 1945 eingeschult wurde. Unser Klassenlehrer war (das hatte sich herum gesprochen) wegen seines Rohrstockes gefürchtet – und ihn schlug er erbarmungslos auf die ausgestreckten Finger der Schüler.
Deutsch und Geschichte waren seine Fächer, aber da es der erste Tag mit uns 35 Schülern war, wollte er uns nur kennen lernen. Bei jedem Schüler blieb er stehen und fragte: „Wann bist du geboren?"
Und 10 Sekunden nach der Antwort rief er ihm den richtigen Wochentag zu. Bei mir angekommen, fragte er: „Monat, Tag und Jahr?" Ich rief „2. April 1939!" Er hielt inne, sah mich an und sagte: „Du bist ja ein Sonntagskind!" Ich fragte mich selbst, ist das gut oder schlecht? Er fixierte mich und meinte: „Ich weiß nicht genau, welchen Weg du gehst, wirst du Künstler oder Wissenschaftler? Na egal, aus dir wird mal ein ganz großer Könner!" Zwar irritierte mich der Künstler etwas, aber ich ließ mich erleichtert zurück fallen und wartete nun die kommenden zwei Jahrzehnte ab, was aus mir wird…
Mitte Mai 1964 war ich Bäckergeselle, hatte sechs Jahre als Ringkämpfer in der 1. DDR-Liga gekämpft und nun wollte ich mein Hobby Fotografie zum Beruf machen. Am Strand von Dranske/Bakenberg fotografierte ich 50 FKK-Mädchen und als ich braun gebrannt war, machte ich mit Stativ und Selbstauslöser dieses Bild. Als ich abends im Bett lag, überdachte ich mein Leben und fragte mich, was wird aus mir werden – ich bin jetzt 25 – und was wird in 25 Jahren sein? Inzwischen weiß ich es. Genau in diesem Monat wurde meine Frau geboren, ich schuf ein Akt-Bildarchiv, gründete in Sassnitz einen Fotoklub, wurde Volkskorrespondent der Ostsee-Zeitung und zwei Jahre später erhielt ich die Zulassung als Bildreporter. Ich blieb 10 Jahre auf Rügen, lebte dann 10 Jahre in Potsdam und danach 15 Jahre in Österreich. 1996 kehrte ich zurück zu meiner Insel. Am 2. April 2014 beging ich meinen 75. Geburtstag, bin das 48. Jahr freiberuflich, habe über 150 Bücher illustriert und 15 geschrieben. Es entstanden über 2.000 Gedichte und 2.000 Aphorismen, die zum Teil in meinen Gedicht- und Aphorismus-Bildbänden veröffentlicht sind. Ende(r) gut – alles gut!

Akt im Jagdschloss Granitz

Es war Anfang der 70er Jahre des vorigen Jahrhunderts, als mir der damalige Kurdirektor von Binz, der viel für die Fotografie übrig hatte, die Erlaubnis gab, im Jagdschloss Granitz zu fotografieren. Ich hatte unter ärmlichen Bedingungen mein Hobby zum Beruf gemacht und an eigenes stilvolles Mobiliar war nicht zu denken. Noch im Nachhinein bin ich seiner Fürsprache und den Mädchen dankbar, die im kalten Fahrtwind hinter mir auf dem Simson-Moped „Star" saßen und danach in den kühlen Räumen des Schlosses (die nie warm wurden) ihre Kleider für meine Aufnahmen ablegten. Aber die „Kunst" verlangt eben Opfer – nicht nur unter den Fotografen, nein auch unter den Musen und Modellen.
Dass ich 15 Jahre später – in Österreich lebend – als „Star" gefeiert wurde, daran hatte ich auf der Sitzbank meines „Stars" auch nicht zu denken gewagt. Was sich für mich nicht änderte, das ist die Ansicht, dass ein „Star" ein Vogel ist – und mein Star ein DDR-Moped war. Er fuhr die schönsten Mädchen, die Rügen je gesehen hatte, und er begleitete mich 78.000 km reparaturfrei, bis ich ihn durch eine 250er Simson ersetzte.

Jedes mal, wenn's ins Jagdschloss ging, freute ich mich auf die Skulpturen, klassischen Möbel, auf das Licht, das durch die hohen Fenster fiel – und auf die Mädchen, die meine Begeisterung betreffs Inventar teilten. Meistens blieb uns nur eine gute Stunde zwischen dem Betreten des Schlosses und dem Eintritt der Raumpflegerinnen, so dass ich mir schon vorher Gedanken machen musste, wo und wie ich die Modelle positionierte. Die für die Aufnahmen notwendigen Kerzenhalter und Nippes-Figuren waren so zerbrechlich, dass sie ohne ein Spinnennetz wohl zusammengefallen wären. Dagegen waren die drei Mädchen, die ich in mehreren Jahren für das Schloss auswählte, wahre Amazonen. Selbst dann, wenn sich ihre Gänsehaut aufbaute und die Härchen aufstellten, verzogen sie keine Miene.
Die Nachwendezeit brachte viele Veränderungen. Schon vom ersten Besuch an sah ich vom einstigen Inventar fast nichts wieder. Ungeklärte Besitzansprüche, Restaurationsarbeiten und Kompetenz-Gerangel um die einstigen volkseigenen Kulturgüter haben nicht nur meine Sichtweise auf das Jagdschloss Granitz verändert.

Mädchen im Sturm

Weiß denn der Meeresgott nicht, wie schlimm schlechtes Wetter ist, wenn es einen Akt- und Landschaftsfotografen trifft? So dachte ich im August des Jahres 2011, als ich mit meinem Modell Angelina Richtung Mönchgut fuhr. Windstärke 6 mit Böen bis 8 tönte der Wetterbericht im Autoradio und gab mit 16 Grad die Höchstwerte bekannt.
Wir erreichten Klein Zicker und zogen uns warme Sachen an. Hoffentlich hat der Fischer seine Reusen stehen lassen, wie er mir versprach, denn üblicherweise hätte er sie längst eingezogen.
Der Wind heulte nur so, als wir den Zickerschen Boddenweg begingen und man ahnte, wie es wehen würde, wenn wir den Klein-Zickerschen Berg nicht mehr als Windschutz im Rücken haben. Wir erreichten die kleine Reusen-Lagune und ich atmete auf, die Reusen standen noch! Dem Fischer sei Dank!

Das Wasser war aufgeraut, die Wellen kringelten sich – und wenn man sein Gesicht in Windrichtung ausrichtete, hatte man im Nu die Augen voll Sand. Und dann kam ein schwerer Moment, als ich zu Angelina sagte: „Sie müssen jetzt ihre Kleidung ablegen."
Ich fror bei dem Gedanken – aber es musste sein! Ich dirigierte sie zu den Reusen, die nur bis Kniehöhe im Wasser standen, und sah, wie die Böen aufs Wasser knallten und sie trafen. Sie musste die 15 Grad Wassertemperatur bei 16 Grad Luft und eisigem Wind wie einen Abstecher in die „sommerliche Antarktis" empfinden. Ich löste die Kamera so schnell ich konnte aus, wechselte die Position und hörte sie dann rufen: „Das Schlimmste ist der Sand!" Dabei zeigte sie in Richtung Sturm. Ich drehte mich um, ließ es aber sofort sein, weil der Sand wie kleine Rasierklingen-Schnitte schmerzte. Ihr Körper wurde langsam rötlich und nach 20 Minuten, die ihr wie eine Ewigkeit erschienen, erlöste ich sie und hängte ihr eine Jacke um. Wie kalt es im „Hochsommer-Monat" August auf Rügen sein kann, hätte sie wohl auch nicht gedacht.

„In einer dreiviertel Stunde sind Sie im Hotel und können heiß duschen!“, sagte ich zu ihr und brachte sie zum Hotel Kaufmannshof Hermerschmidt, wo ich ein Zimmer für sie gebucht hatte.

Tags darauf holte ich sie ab, fuhr sie zum Bahnhof und fragte: „Wie war das Hotel?“ Sie sagte: „Es war das schönste Zimmer, das ich je auf meinen Fotojob-Touren hatte.“

Inhaltsverzeichnis

Impressum

Art Photo Archiv Klaus Ender
E-Mail: art-photo-archiv@klaus-ender.de
Tel.: 03838-252481, Fax 252483

Teil 1 - 1. Auflage

Fotos & Texte: Klaus Ender
Satz & Layout: Gabriela Ender
Druck: Rügen-Druck Putbus

ISBN 978-3-00-044668-9

www.klaus-ender.de - www.klaus-ender.com

Gedicht-, Aphorismus- und Bildbände:
„Jenseits der Hast"
„Mit allen Sinnen"
„Gegen den Strom"
„Gnadenlos"
„Rügen – Poesie einer Insel"
„Ein Samenkorn mit Zuversicht"
„Herzklopfen – Facetten der Liebe"
„Loslassen – Trauer und Abschied"
„Das kleine Glück"
„Von Zeit zu Zeit"
„Meine schönsten Enthüllungen"
„Rügen – Flair einer Insel"

Autobiografie:
„Die nackten Tatsachen des Klaus Ender"